혹시나

혹시나

김수봉 제7시집

세종출판사

••• 서문

제 7시집 '혹시나'는 2022년 1월부터 6월까지 쓴 150여 편의 작품 중 110편만 선정해서 엮었다.

이 시집도 6시집과 마찬가지로 좀 더 발전된 시를 쓰려고 무진 노력했지만 능력의 한계를 절감하며 끝없는 창작의 길에서 한걸음이라도 발전된 모습을 보여줄 수 있는 것만도 나름의 의미가 있겠다는 생각에 염치불고하고 또 한 권의 시집을 상재한다.

구성은 5부로 나누고 각부에 22편씩 실었으며 순서는 대체로 월별로 쓴 순서대로 배치했다. 다만 제3부는 그 달의 작품만으로는 작품 수를 맞출 수 없어서 1부 2부 4부에서 제외 되었던 작품 두세 편씩 끌어와 편수를 맞추었음도 밝혀둔다.

각부의 이름은 생략하고 다만 안구 정화에 도움이 될까 하여 각부의 첫머리에는 산수화나 민화 등을 배치했다.

독자 재현의 격려와 질정을 기대한다.

2023.4.11.
작가 김 수 봉 사룀

차례

제2부

제3부

제4부

제5부

제1부

시인의 나이

봄날 꽃눈 틔우는 속삭임과
지는 해의 금빛 저녁놀에
오히려 슬퍼하고 환호할 줄 아는
시인은 언제나 청춘이다

매화꽃을 보고 천년의 절개를 읽고
억겁의 침묵 속에
천년 바위의 한을 들을 수 있다면
시인은 익어도 청춘이다

날아가는 새만 보아도 까르르 웃고
떨어지는 빗방울의 비명에도 자지러지는
시인은 늙어도 오히려 동심이다

아무리 세월이 늙어도
개울물소리에 가슴 두근거리고
반짝이는 윤슬에 가슴 뛰는 한
시인은 영원히 청춘이다

(2022.02.22.)

다림질

세상의 주름살을 펴고 싶어질 때
다림질을 해보면 참 재미가 있다
다리미는 어떤 옷의 어떤 주름이라도
한번만 지나가면 반반하게 지우고
반질반질 윤이 나게 질서를 잡아준다

가끔은 보기 좋게 새로운 줄을
만들고 세우기도 하고
마음먹은 대로 모양을 잡아
후줄근한 모양을 단숨에 반듯하게도 한다

다만 다리미는 다림질을 하기 전에
자신의 몸을 먼저 달구고
다림질 할 재질에 따라
자신의 온도를 조절해야 한다

자신을 달구지 못하면
아무리 애를 써도 다려지지 않고
지나치게 달구면 옷이 타버리기 때문에
다림질 할 재질에 자신을 맞추어야 하듯

세상을 다림질하여 경영하고
앞장서서 민중을 지도하고 봉사하겠다면
다리미처럼 자신이 세상을 다림질할 만큼
충분히 달궈졌고 온도가 적당한지
돌아보는 것이 먼저 아닐까

(2022.01.14.)

피겨스케이팅

접신한 무당이
작두 타고 춤을 추듯
칼날 스케이트를 신고
얼음판 위에서만 꽃을 피우는
피겨스케이팅

한 송이 꽃을 피우기 위해
소태보다 쓴 고통과 땀과
인내를 요구받기에 아름다울수록
서럽고 아픈 환상의 얼음 꽃이다

얼음판 위에서 춤추고 뛰어오르고
회전하고 손발을 놀릴 때마다
마술처럼 한 송이 꽃으로 피어나는
피겨스케이팅

너무 차갑고 아름다워서
오히려 애틋하고 뜨거운
한 떨기 얼음 꽃이다

(2022.02.04.)

바지랑대

바람이 없는 날 아니면
똑바로 서지 못하고
언제나 비스듬히 바람을 향해
맞서 있는 바지랑대

전통 가옥에서 빨래를 널어본
사람만이 바지랑대가 왜 필요하고
어떻게 사용되는지 안다

바지랑대는 빨래를 높게 들어 올리고
항상 바람에 맞서 바람이 불어오는
쪽으로 비스듬히 서서 버티며
바람에 흔들릴 때만 필요하다

지도자나 정치인도 태평할 때는
필요도 없고 알 이유도 없지만
민중의 낮은 삶을 위로 끌어올리거나
강자의 핍박을 약자의 편에서
막아낼 때만 필요한 것처럼

(2022.01.22.)

2월 28일

재작년은 2월이 29일
하루가 더 많아서 덤 날처럼 좋았는데
올해는 28일 특별한 이유가 없어도
괜스레 손해 본 듯 언짢다

2월이 길든 짧든
한 해가 길어지거나 줄어드는 것도
실제의 세월이 빨라지는 것도
인생이 길어지는 것도 아니지만

대선 주자들의 공약公約이
헛공약空約인 줄 알면서도
기대하고 기분 좋았다가 실망하는 것처럼
기대와 실망이 엇갈리는 2월 28일

인생의 성패가
물리적인 길이에만 달린 것이 아니라
삶의 질과 방법에 따라 달라진다면
손해 본 듯한 안타까운 2월 28일
오히려 세월을 이기는 계기가 아닐까

(2022.02.28.)

봄의 냉이

벚꽃은 화려한 꽃으로
매화는 꽃보다 그윽한 향기로
냉이는 쌉싸래한 입맛으로
봄을 환호하고 찬미한다

시각이나 후각을 유혹하는
벚꽃이나 매화와는 달리
입맛을 자극하는 냉이는
건강과 생명을 지키고 북돋우며
봄의 입맛을 책임진다

꽃도 향기도 변변치 않지만
한겨울 땅 밑에서 추위를 참고 견디며
새봄을 위해 몸을 단련하고 키우노라면
꽃은커녕 새잎이 돋기도 전부터
인간들의 군침 삼키는 고백을 듣고
꽃보다 더 큰 사랑을 받는 냉이

봄은 향기로운 꽃바람 타고 오지만
된장과 어우러진 쌉싸래한 냉이 맛은
꽃보다 먼저 봄을 맞고 부르고
입맛을 돋우는 봄의 마중물이다

(2022.02.15.)

봄의 소리

약육강식의 생존경쟁만 있는
인간 삶의 현장이나
대선이니 보선이니 하며
서로 욕하고 삿대질하는 곳에서는
더럽고 암담한 아귀다툼의 소리뿐이지만

한걸음만 물러나서 봄 동산에 올라보면
봉봉과 골골마다 겨울이 녹는 소리와
사뿐사뿐 봄이 오는 소리가 들리고
더딘 걸음과 가뭄에 애태우면서도
오는 봄을 환호하고 기뻐하는
초목들의 꿈결 같은 속삭임이 뜨겁다

봄의 소리는 경쟁과 다툼의 저주나
욕심과 탐욕이 가득 찬
절망과 좌절의 소리가 아니라
모든 생령이 있는 힘을 다해
새 생명을 잉태하고 꽃눈을 키우는
생명과 환희와 희망의 세레나데 아닐까

(2022.02.13.)

봄이 오는 길목

겨울바람은 따뜻해도 차갑고
봄바람은 차가워도 따뜻한 것은
봄은 눈이나 몸으로만 오는 것이 아니라
마음으로 가슴으로도 오기 때문

꽃바람이 불지 않아도
꽃샘추위가 여전히 옷깃을 여며도
반드시 와야 하고 올 것이고
어김없이 온다고 확신하면
보이지도 느끼지도 못한다 해도
봄은 벌써 가까이 오고 있듯

봄이 오는 길목은
겨울이 다 녹지 않아도
여전히 흰 눈이 흩날려도
저절로 따뜻한 가슴으로
때가 되면 이미 곁에 와 있다

(2022.02.14.)

꿈과 현실

꿈은 해몽에 따라 달라지기도 하지만
용꿈은 크게 출세하고 큰 인물이 될 꿈이고
돼지꿈은 부자가 되거나 횡재할 꿈이라 한다

간밤에 멧돼지가 공격해 오는 꿈을 꾸고
일부러 시간을 내어 로또복권을 사고
장미 빛 미래와 들뜬 마음을 가졌지만
꿈은 꿈일 뿐 어떤 당첨도 없었다

꿈은 꾸거나 꿀 때는 행복하지만
막상 꿈이 실현 되거나 깨졌을 때는
복권처럼 꿈이 클수록 꿈이 많을수록
현실은 더욱 공허하고 고통스럽다

인생의 어떤 꿈도 꿈 나름이지만
분수에 맞는 꿈이라야 꿈이라도 행복할 뿐
허황된 백일몽은 정력의 낭비는 물론
오히려 현실적 삶을 어렵고 힘들게 만들뿐

(2022.01.09.)

노년의 봄

허공에 그네를 매어
황금빛 석양에
등이라도 밀어주면
서왕모를 만날 수 있을까

황금 베틀에 잉아를 걸고
씨줄 날줄 엮어가며
베틀노래 불러주면
월궁항아를 볼 수 있을까

양산백과 추양대*의 사랑이 아니라도
그대 위한 일이라면 무덤 속도
불지옥도 뛰어들 수 있으련만
보이지 않는 양대는 어디에 숨었는가

만물이 소생하는 봄날
몸은 이미 고목이 되었으나
마음은 아직도 봄소식을 기다리니
엇갈리는 현실에 봄꿈만 야속할 뿐

(2022.02.09.)

* 고소설 양산백전의 남녀 주인공 이름.

독거노인의 하루

겨울은 춥고 춥고
밤은 길고 길고
아침잠은 오지 않고
배는 꼬르륵 꼬르륵
먹을 것도 반찬도 없고
라면이나 하나 끓여 먹을까

문밖은 바람만 불고
나가도 만날 사람도 없고
연탄불 꺼진 방은 설렁설렁
어디 오라는 곳도 없고
또 점심때가 되었네
맛있는 라면이나 끓여 먹을까

코로나19 덕분에
경로당도 문을 닫았고
심심하니 따뜻한 병원에나 가서
뜨끈뜨끈한 물리치료나 받으며
나와 같은 환자나 만나볼까
벌써 하루해가 저물었네
라면이라도 하나 끓여 먹을까

이리고 저리고 낮은 지내왔는데
오리도 가리도 없는
오늘 밤은 또 어떡하지?

(2022.01.06.)

고통苦痛

고통 없는 불행도 없고
쾌락 없는 행복도 없지만
고통 뒤엔 쾌락이
불행 뒤엔 행복이 자리해서

밤과 낮이 번복하고 계절이 순환하듯
고통도 쾌락도 불행도 행복도
순환하고 번복되고 반복될 뿐
영원한 것은 아무 것도 없다

고통에 맞서 싸우고 즐기고 넘어서자
밤이 어두울수록 아침의 태양이 찬란하고
장마 끝에 드러난 창공이 더욱 아름답듯
고통도 넘어서야 쾌락도 행복도 있다

고통은 불행의 단초가 되지만
넘어서기만 하면 아픈 만큼
더 큰 쾌락과 행복이 기다리고 있다
고통은 행복을 낳는 어머니다

(2021.12.04.)

길나다

중국은 남보다 먼저 마찻길을 내어
대제국과 선진문명국을 만들었고
대한민국은 고속도로를 만들어서
초고속 경제 부국이 되었듯

길은 잘만 만들면
성인이나 위인들의 삶처럼
존경받는 자취를 남길 수도 있지만
억지로 만들거나 만들 수는 없다

토끼도 멧돼지도 자신의 길을 만들고
자주 다니면 길이 나지만
며칠만 다니지 않아도 흔적은 지워지고
길은 금방 사라져서 길이 나지 않듯

사람도 누구나 자신의 길을 만들고
길이 나기를 희망하지만
남들이 뒤를 따르거나 함께 걷지 않으면
살아서는 물론 죽어서도
어떤 길을 내지도 남기지도 못한다

(2022.01.17.)

꽃샘추위

봄꽃을 시샘한다는 꽃샘추위
심술보가 하나 더 붙은
심술첨지나 할미정도로 치부되지만
사실은 봄꽃을 걱정하는
겨울의 마지막 선물

나이를 착각하면 체통을 잃게 되듯
계절을 착각한 봄꽃이 서둘러서
너무 일찍 개화하거나 웃자라면
열매는커녕 제대로 성장도 못할까봐
눈물의 회초리로 자식을 다스리는
홀어머니 같은 아픈 마음일 뿐

꽃샘추위는 겉으로 보이는
모질고 매몰찬 성격과는 달리
오히려 식물의 성장과 결실을 지키는
차갑고 엄격한 조련사이자
자상한 어머니의 사랑이다

(2022.02.05.)

사랑의 속성

잊어야 한다고 잊혀지고
잊을 수 있다면
그것이 어찌 애틋한 사랑이겠나

겨울 한파가 아무리 혹독해도
봄마다 매화가 꽃을 피우듯
여름 더위가 아무리 사나워도
매미는 도리어 시원함을 노래하듯

잊어야 해도
잊을 수 없고
자꾸 생각나고 보고 싶어야
사랑이 애절하고 아름답지 않겠나

위로하고 체념할수록
바람만 스쳐도 아픈 통풍처럼
지는 해보다 가는 봄보다
애달프고 서러워야
진정한 사랑이지

(2022.02.22.)

살다보면

꿈 많은 어린 시절은
꽃그림도 그리고
여의주 품은 용도 그리며
무지개 뜬 하늘 아래
꽃길만 걸을 것이라 믿는다

살다보면 꽃은 떨어지고
용은 하늘로 날아 가버리고
꽃밭은커녕 잡초만 무성한 곳에
독사들만 득시글거리는 정글이
현실임을 알게 된다

그래도 살고 살아지는 것은
인생은 애당초
꽃길도 여의주도 아니었고
형극의 가시밭길이었거나
고해의 바다였음을
어렴풋이나마 깨닫게 되고
체념하기 때문 아닐까

(2020.02.07.)

성취감

사람은 누구나 인생 목표를 세우고
목표를 달성하기 위해 최선을 다하지만
목표를 다 이룬 사람은 드물다

젊은 시절은 목표가
분수에 맞지 않은 희망이거나 기대일 뿐
가능성이 크지 않기에
대부분 고통이 되기도 하지만
성취한 만큼의 기쁨과 만족은 있다

늙으면 목표가 무엇이든 줄어들어서
올라가기보다 내려가는 것이기에
목표가 너무 쉽게 저절로 이루어지지만
성취감은커녕 오히려 섭섭하고 안타까울 뿐
기쁨이나 만족감은 없다

성취감은 다 이루지 못하고 얻기 힘들수록
얻지 못할수록 힘들게 얻을수록
불만족이 높을수록 상대적으로 얻게 되는
그렇게 모순된 만족감 아닐까

(2022.01.15.)

승패勝敗의 말

정승집의 말이 죽으면
조문객이 문전성시를 이루듯
승자는 무슨 말을 해도
장자나 군자의 덕담으로 들리고
변명조차도 빛나는 진실이 된다

정작 정승이 죽으면
집안에 똥파리만 꼬이듯
패자는 억울하다 소리칠수록
못난 자의 구차한 변명이 되고
진실조차도 치사한 억지로 치부된다

승부는 이기고 볼 일
어떤 말도 승부를 뒤집을 수 없다면
말을 적게 하거나 하지 않는 것이
오히려 패자의 덕목이거나
자존심 아닐까

(2022.01.25.)

시인의 비애

시인이 되기 전에는
삶이 너무 무료하고
시인이 부러워서 시를 썼다

등단한 후에는
유명 시인이 되고 싶어서
좋은 시를 많이 쓰려고 애를 썼다

시인이 되었으나
여전히 무명인 지금
시를 쓰려고 바장이고 안달할수록
시는 써지지 않고 고통만 가중 된다

시를 쓰면 행복할 것이란 환상은
기대이거나 이상일 뿐
시는 고통과 좌절만 안겨주는
꿈이거나 애물단지다

그래도 시를 쓰는 것은
고통 속에 오히려 환희와 행복이 있고
기대와 환상은 무너지고 깨지는 것이
인생이고 운명이기 때문 아닐까

(2022.02.20.)

우수雨水의 단상斷想

연일 계속 되던 한파 경보와
오십년 만에 처음이라던 봄 가뭄도
우수라는 절후에는 어쩔 수 없는지
찌푸린 얼굴에 금방 빗방울이라도
떨어질 듯 한파도 물러간 아침

타는 목마름과 추위에
몸부림치며 떨던 꽃눈들
제깟 놈의 가뭄과 추워가
계절을 이길 수 있겠느냐고
오동통 살 오른 꽃눈을 반쯤 뜨고
어서 오라 봄을 부르고 환호한다

와야 하고 오고야 말
봄을 향해, 봄을 위해
서둘러 봄 마중 나선 우수의 꽃눈
쉽게 이룬 성취가 감동이 없듯
꽃샘추위와 가뭄 없는 봄이
어찌 봄이겠는가 한다

(2022.02.19.)

우크라이나 전쟁

유전유력무죄 무전무력유죄는
인간세상의 어디서나 마찬가지
욕심은 채울수록 더 커지고
지나친 욕심은 언제나 비극적 결말을
맞는 것도 동서고금의 변함없는 진리

유전유력자들 가진 것만 해도 남아돌고
어느 누구보다 잘 먹고 잘 사는데
무전무력한 사람이나 국가를 공격해서
빼앗고 약탈해서 자기 배를 더 채워야
만족하겠다는 것은 무슨 심보인가

인간이 근본적으로 남이 잘 되거나
자기보다 잘 사는 것을 못 참는 것은
사촌이 논 사면 배가 아프다는
야비하고 저속한 심리가 모든 인간의
보편적인 본성이기 때문인가

남의 것을 빼앗아서 더 많이 가진다고
더 행복하지 않다면 눈꼴이 시더라도
남들도 먹고 가질 수 있도록 지켜보는 것이
오히려 자신을 더 행복하게 한다는 것을
배부르고 힘 있는 자들은 모르는 것일까

(2022.02.25.)

입춘의 한파

홍진비래하고 고진감래하듯
추위도 극에 달해야 겨울이 끝나고
봄이 오고 시작된다는 믿음처럼
마음속에 봄을 심고 세운다는
입춘에 내려진 한파특보

동이 트기 직전이 가장 어둡듯
날씨는 한겨울보다 춥고 매섭지만
마음속에는 벌써 봄이 오고
오동통 살이 오른 매화의 꽃눈은
벌렁이는 가슴을 이기지 못해
풍설 속에 꽃망울을 터뜨린다

현실의 삶이 어렵고 힘들수록
내일이란 희망으로 현실을 넘어서듯
추울수록 봄은 멀지 않아서
입춘의 한파특보는 역설적으로
곧 봄이 온다는 믿음을 심어주는
봄소식 아닐까?

(2022.02.04.)

제2부

혹시나

아무리 노력하고 애를 써도
어찌할 수 없을 때
혹시나는 절망을 넘어서고
내일을 기대할 수 있는
유일한 희망이다

절대로 속지도 갖지도 않고
기대도 하지 않을 것이라 다짐해도
현실이 답답하고 어쩔 수 없을 때
다시 찾게 되는 막연한 희망처럼

혹시나는
마침내 역시나로 끝날지라도
넘어지고 엎어졌을 때
다시 일어서기 위해서는
알면서도 속고 잡을 수밖에 없는
기대이자 동아줄 아닐까

(2022.03.31.)

아름다운 사랑

보석도 드물고 귀해서 얻기 어려워야
아름답고 사랑받는 보석이 되듯

이 세상에 어떤 것도
너무 많고 흔해서 쉽게 얻을 수 있다면
귀하지도 특별하지도 아름답지도 않다

사랑도 이몽룡과 성춘향처럼
이루어질 수 없는 사랑이
온갖 시련을 극복하고 이루어지거나

유희경과 매창, 최경창과 홍랑의 사랑처럼
서로 사랑했지만 이루어질 수 없는 사랑을
어느 한쪽이 끝까지 지키며 사랑하거나

설도와 원진의 사랑처럼
서로 사랑했다가 한쪽이 배신해도
다른 한쪽이 끝까지 사랑을 지켜야
특별하거나 아름다운 사랑이 된다

용도 개천에서 나야 용 대접을 받듯
사랑도 이루어지지 않거나 어려워서
안타깝고 애절하고 절절해야
아름답고 특별한 사랑이 된다면

특별하지 않아서 특별하고 아름다운
필부필부의 울고 웃는 일상적인 사랑이
오히려 특별하고 아름다운 사랑 아닐까
(2022.03.25.)

벚꽃 개화

풍선처럼 부풀었던 꽃봉오리
하룻밤 봄비 소식에
팝콘 터지듯 팡 팡 팡
꽃피우는 벚꽃

연분홍 꽃잎은
볼 붉은 봄 처녀의
치맛자락처럼 하늘거리고

함박 눈꽃보다 희고
탐스러운 꽃송이는 햇빛을 받아
눈부시다 못해 차라리 현란하다

찬란한 벚꽃의 함성 천지에 가득하면
머지않아 사람들의 가슴속에도
꽃바람 불고 봄바람 들어
저마다 봄꿈 꾸고 꽃물 들겠지

(2022.03.27.)

봄과 꽃

봄이 와서 꽃이 필까
꽃이 피어서 봄이 올까

꽃이 피지 않아도 봄은 오지만
인간의 가슴속엔
꽃이 피어야 봄이 온다

봄이 왔다 아무리 소리쳐도
봄꽃이 피지 않으면
봄은 아직 멀리 있고

꽃샘추위와 봄 가뭄이
아무리 시샘하고 방해해도
민들레 진달래가 웃음지며 손짓하면
봄은 벌써 곁에 와 있다

봄은 피는 꽃을 타고 오고
지는 꽃을 밟고 갈 뿐
봄꽃 없는 봄은
봄이 아니다

(2022.03.21.)

봄꽃의 품성

봄꽃은 돈처럼
정도의 차이는 있어도
싫어하는 사람 없고
많을수록 더 좋아 한다

봄꽃은 연인들처럼
아무리 보아도 싫증나지 않고
볼수록 더 사랑스럽고
안보면 더 보고 싶은
다정한 연인이다

봄꽃은 오는 듯 가는 봄처럼
정들자 금방 사라져서
오히려 더 사랑스럽고 애틋한
사랑의 타짜다

봄꽃은
천진무구한 아가의 해맑은 웃음이자
겨울을 넘어선 화사한 봄볕이고
어둠을 뚫고 맞이하는 아침 햇살이다

(2022.03.30.)

시詩

당신은 요술쟁이다
당신만 생각하면 설레는 내 마음
언제나 잘 익은 수박 속처럼
붉게 물든다

어쩌다 먼발치에서라도 그대의
그림자만 봐도 반갑고 기쁜 마음
오히려 서러워 내 얼굴은 금방
홍옥보다 발갛게 익는다

제대로 한번 만나본 적도
말을 붙여본 적도 없지만
언제나 내 속엔 당신이 있고
당신이 익으면 내 마음도 따라 익어
수박 속보다 더 발갛다

당신을 위한 일이라면 언제든지
홍옥과 수박처럼 붉어질 수 있지만
보일 듯 말 듯 보이지 않는 당신
아직도 너무 낯설고 멀어서
차마 볼 수도 붉게 익을 수도 없구나

(2022.03.22.)

삼일절

역사를 잊은 민족은
불행한 역사를 반복한다 하지만
세월에 빛바래지 않는 역사도 없듯
단순히 하루를 즐기고 휴식할 수 있는
공휴일로 전락하고 만 삼일절 아침

순국선열들의 안타까운 마음이었는지
오십년래 처음이란 봄 가뭄으로
목마른 대지에 그 때의 간절한
마음처럼 푸른 단비가 내린다

정치인들은 자신들의 이익을 위해
광복의 의사와 열사도 팔고 이용하고
우중들은 마냥 하루 더 쉴 수 있는
공휴일만 좋아서 코로나를 뚫고
하루를 즐길 궁리만 하지만

어차피 역사는 이기적인 정치꾼에 의해
이루어지고 발전하는 것이 아니라
투철한 사명감과 의지를 지닌 민중이나
소수의 애국자와 선지자들에 의해서만

새롭게 써진다는 점에 위로를 받으며
간절한 마음으로 그들의 정신을 기리고
가슴속에 그 날의 태극기를 심어본다

(2022.03.01.)

꽃과 섭리

영웅이 태어나고 용마가 나도
능력을 펼칠 때를 만나지 못하면
쓸모없는 어정잡이가 되고 말 듯

꽃도 비교 우위를 점할 수 있는
상황과 때에 꽃피어야 멋진 꽃으로
만인의 사랑을 받을 수 있다

매화나 복수초나 진달래나 개나리가
벚꽃이 피기 전에 꽃피었기에 망정이지
벚꽃이 한창일 때 함께 피었다면
전혀 다른 평가를 받았을 것이듯

잘난 사람도 때를 잃으면 얼간이가 되고
못난 꽃도 때를 만나면
특별한 꽃이 되는 것도
때를 통해 만물의 평등과 공평을
보여주려는 조물주의 섭리가 아닐까

(2022.03.28.)

개나리

변변치 않다고 이름 붙여진 개나리
개개의 꽃만 보면 특별할 것도
대단할 것도 없어 어느 누구의
특별한 관심도 대접도 받지 못하지만

이른 봄 다른 꽃들이 피기도 전
산기슭에 옹기종기 모여서
진한 노란색으로 무리지어 꽃피면
그 색감에 사람마다 탄성을 지르며
봄의 전령사임을 새삼 깨닫는다

작은 무리가 아니라 함께 모여
큰 무리가 하나의 꽃이 되면
다른 어떤 꽃 못지않게 아름답고
노란 물감을 엎질러 놓은 듯한
짙은 색깔의 개나리

뭉치고 하나 되면 새로운 역사도
만들고 세상도 변화시키는 민초들처럼
개나리도 혼자서는 변변치 못하지만
함께 피고 어우러지면 다른 어떤 꽃보다
봄을 봄답게 하는 아름다운 꽃이 된다

(2022.03.27.)

단비

五十年來의 봄 가뭄을 씻는 단비는
새 생명을 살리는 푸른 생명수
세상을 색동으로 단장할 꽃비
모든 먼지와 근심도 씻어내고
삶의 환희를 만끽할 배부른 태평수다

꽃눈을 맺지도 키우지도 못하던 생령들
환호하는 소리는 없어도 떠들썩한 들판
삼일절의 외침처럼 꿈과 희망이 가득하다

벌과 나비도 날개 짓을 시험하고
온갖 동물들도 기지개를 켜고
서로 짝을 부르는 소리 야단법석이다

만물을 살리고 키울 삼월의 단비
인간들의 이기적인 욕심과는 달리
목말라 시들고 죽어가던 모든 생명들
생과 삶의 새로운 꿈과 희망이 부푼다

(2022.03.01.)

시늉비

엊그제부터 검정 투구 쓴 하늘
당장이라도 장마철 작달비를 한바탕
쏟을 것 같았지만 사흘 내내 겨우
땅 거죽만 적실 정도의 시늉비만 내린다

그래도 목말라 입술까지 퍼석하던
꽃과 풀들 놓친 때를 되찾으려는 듯
한꺼번에 소리치고 몸부림치다가
하룻밤 사이에 목련은 꽃봉을 터뜨리며
우아한 자태를 불쑥 내밀었고
차마 머리조차 내밀지 못했던
쑥도 냉이도 달래도 어리병풍도
겨울 내내 축적한 힘을 모아 단숨에
거친 땅을 뚫고 나와 두 팔을 흔들며
봄을 환호하고 만세를 부른다

시늉만 비 같은 시늉비가 오는 듯했지만
자연은 적으면 적은 대로 그 속에서
자신의 봄을 만들고 누리고 의미를 찾느라
소리 없는 함성으로 종일토록 야단법석이다

(2022.03.14.)

여우비 오는 봄날

하루 종일 여우비가
오다 말다를 반복하는 봄날
엄광산 중턱과 산골짜기를
점점이 수놓는 안개구름
벚꽃보다 아름답게 피어오른다

겨울 혹한과 봄 가뭄으로
지치고 목말라하던 초목들
며칠째 계속된 먼지잼비에
겨울동안 쌓였던 묵은 때를
씻고 색동옷 갈아입을 채비로
산천이 들썩들썩

산 밑 잿빛 도시의
우중충한 모습과는 달리
골짝마다 피어오르는 하얀 구름
산꼭대기를 선경으로 만들고
코로나에 진력 난 사람들에게
잠시나마 적송자 만나 선경에
조회하는 환상을 자아낸다

(2022.03.19.)

춘몽

봄이 무르익는 어느 날
벚나무 우거진 뒷동산에 올라
연분홍 꽃잎이 너무 하얘서
오히려 하늘 감감한 꽃그늘에
꽃방석 깔고 앉아보면

들끓던 번뇌 망상 어느 새 사라지고
꽃 속에서 사랑 나누는 새들의
자지러진 세레나데에 귀가 젖고
부지불각에 태을선관 만나
선경을 조회한다

꿈과 현실이 교차하는
환상의 꽃 궁전에 봄꿈을 꾸노라면
'경이 신선이고 그곳이 선경이거늘
무엇 때문에 이곳을 동경하는가?'
상제의 호통소리에 깜짝 놀라
내가 정녕 선계에 노니는
신선인가 착각에 빠진다

봄마다 빠져보는 허망한 착각
언제 꾸어도 아름답고
깨고 싶지 않은 환상의 춘몽이어라

(2022.03.31.)

황사의 아침

애타게 기다리는 비는 오지 않고
모로 기는 벌레 같은
황사와 미세먼지가 범벅이 된 아침
러시아의 우크라이나 침공보다
어둡고 흐릿한 하루의 시계視界
봄이 죽은 현실처럼 어둑하다

목마른 생령들 갈증을 호소해도
탁한 황사는 태양만 가릴 뿐
꽃핀 매화도 생기를 잃고
꽃눈도 싹눈도 틔우지 못한 초목들
애쓸수록 부르트는 입술

무참한 자연과 힘센 자들의 횡포에
속절없는 약자의 한계만 절감하며
바장이던 마음 내려놓지만 심호흡은
오히려 숨쉬기조차 위협한다

(2022.03.04.)

삼월삼일

대지는 메말라 입술이 부르터도
아직 겨울이 녹아 흐르지 않아도
초목은 새싹은커녕 움도 트지 못해도
꽃눈이 목말라 눈을 뜨지 못해도
음력의 삼짇날이 아니라 해도

포근하고 화사한 햇빛
눈앞에 아른거리는 아지랑이
살랑살랑 피부를 간질이는 훈훈한 바람
금방이라도 봄이 저만치서 올 듯
강남 갔던 제비가 이유도 없이
흥보 박씨를 물어다 줄 듯하다

꽃샘추위가 기승을 부리든
겨울 가뭄이 도를 넘어서든
때가 되면 오는 봄은 오고
가는 세월은 여전히 가고 말 듯

시들은 가슴에도
오마지 않은 무엇이 기다려지고
괜스레 설레고 그리워지는 것은
꽃피지 않아도 움트지 않아도
봄은 벌써 와 있기 때문일까

(2022.03.03.)

내일

내일은 오늘의 희망이고
희망은 삶의 행복이다

내일이 없으면
희망도 행복도 없다

현실이 아무리 힘들어도
내일의 기대로 오늘을 산다

내일을 잃은 오늘은
살아도 죽은 오늘이다

내일에 속고 살지라도
기대하고 속을 수 있는
내일은 삶의 희망이고 행복이다

(2022.03.07.)

껍데기

껍데기는 알맹이 빠진 부모다

알맹이가 차 있거나
알맹이가 무엇인지 알 수 없을 때만
알맹이보다 존중받는 껍데기

시집조차 내용보다 표지의 디자인이
눈길을 끌어야 먼저 선택 받고
상품이나 물건도 질보다 껍질과 포장과
디자인이 좋아야 우선 선택을 받듯

멋진 껍데기나 포장은 내용물보다
우선 선택의 기준이 되고
보지도 않은 내용물의 가치를
돋보이게 하는 중요한 요소가 되지만

알맹이가 빠지는 순간 껍데기는
내용물의 종류나 품질에 관계없이
빈 깡통처럼 구겨지고 쓰레기로 버려진다

단물 다 빨린 부모가
중천의 요양병원에 버려지듯

(2022.03.08.)

목마른 경칩

봄이 오면 뭐하나
너무 가물어서
꽃도 피울 수 없는 것을

경칩이 되면 뭐하나
개구리도 밖에 나갈 수 없는 것을

밖에 나가면 뭐하나
코로나와 미세먼지가
눈 가리고 입 막는 것을

봄바람 불면 뭐하나
산불로 산만 타는 것을

계절은 때를 어김이 없다 해도
봄꽃도 싹눈도 틔우지 못한다면
그깟 봄이 어찌 봄이겠는가?

(2022.03.05.)

도리화桃李花의 신원伸寃

시대나 상황의 산물일 수 있지만
색시하게 꽃피고 아름답다는 이유만으로
소인배 간신배로 비유되고 취급되는 것은
억울한 누명이라는 도리화

꽃이 아름다운 것은 꽃의 본분이자
의무라면 꽃피는 때와 장소는
풍설 속이든 아니든 무슨 상관

용천이나 금수저는 버려야 하고
개천이나 흙수저로 태어나야 용이나
훌륭한 인물이 된다는 것은 착각일 뿐

매화보다 늦어도 벚꽃보다는 빠르고
다른 꽃보다 더 아름답게 꽃피는 도리화
열매도 매실보다 오히려 뛰어난 맛

시대와 상황이 바뀌면 역사의 평가도
달라지고 재평가 되는 것이 현실이듯
도리화에 대한 평가와 의미 부여도
이제는 달라져야 당연한 것 아닐까

(2022.03.18.)

산불

불이 춤춘다
산을 기며 날아다닌다
뱀의 혀처럼 날름거린다
너무 아름답고 화려해서
오히려 두렵고 서럽다

산이 탄다 집이 탄다
삶의 터전도 가축도 탄다
사람의 가슴도 인생도 탄다
삶의 의지와 희망이 죽는다

뱀처럼 새처럼 불이 지나간다
재와 눈물과 한숨과 탄식만 남는다
가슴치고 후회해도 이미 때가 늦었다

인간의 오만에 대한 저주라 해도
절망과 허무와 좌절만 남기는 산불
아프고 안타까워 뼈가 저린다

산은 아무리 불타고 재만 남아도
봄마다 스스로 정화하고
새롭게 꽃을 피우듯

인간들도 불탄 자리 툴툴 털고
어린아이 젖니 돋듯
하루 빨리 새로운 희망과 꿈을
싹틔울 수 있기만 바래본다

(2022.03.06.)

살구꽃

삼월 중순 함박눈 쏟아지는
때 아닌 대설 경보와 기승부리는
꽃샘추위의 시샘을 뚫고
연분홍 발그레한 얼굴에
노란 웃음꽃 활짝 피운 살구꽃

지조 없는 소인배라 모함해도
부처님 눈에는 부처만 보이고
부러워하고 시샘하면 지는 것이라며
과거에 급제한 잘난 사람의 눈에만
보이는 아름다운 꽃이라 자부한다

매서운 추위와 봄바람 이겨내고
꽃잎도 섹시하게 하늘하늘
아름다운 자태 뽐내는 살구꽃
겨울을 넘어선 인내심을 위로하고
살랑살랑 새봄의 꿈과 희망과
환상을 일깨우며 춘심을 소환한다

(2022.03.19.)

시의 내면

그림이나 사진도 예술의 경지로
나아가려면 단순 재현이 아니라
의식과 의미를 담아야 하듯

시도 시다운 시가 되려면
단어의 단순 집합이나 조합을 통한
현실이나 사물의 재현이 아니라
언어의 조합 속에 작가 나름의
내밀한 철학과 의식을 담아야 한다

시가 운율이나 어휘의 조탁이나
특수한 형태의 기발한 표현을 통해
청각적 시각적 아름다움 표현에 그치면
향기 없는 꽃이 벌 나비를 부르지 못하듯
독자의 공감을 통한 감동을 주기는 어렵다

독자에게 공감과 감동을 주려면
언어의 조탁이나 기발한 묘사 이면에
심오한 삶의 철관과 의미를
담아야 하는 것이 시詩 아닐까

(2022.03.23.)

제3부

봄꿈

나이에 관계없이 사람마다
삶의 기쁨과 행복을 주고
생의 희망과 환상을 주는 봄꿈

아무리 허망하고 헛되다 해도
봄날은 봄꿈이 있어서
봄이 봄답고 아름답다

세월은 길어도 인생은 짧고
봄밤이 짧아 줄어진 봄꿈
언제나 아쉽고 안타깝다

일장춘몽일지라도
꿈도 자주 꾸면 현실이 된다 했다
봄꿈아 꿈이라 말고 자주 찾아와다오
꿈속에서라도 행복할 수 있도록

(2022.04.06.)

꽃길

함부로 밟고 걷기에는
너무 하얘서 미안하고
너무 아름다워서 부끄러운
산행 중 우연히 마주친
하얀 비단을 깔아놓은
황홀한 꽃길

나는 누가 나를 밟고 지나가거나
밟으려 할 때 한 번이라도
기쁜 마음으로 스스로 등이라도
내어준 적 있었던가?

꽃은 밤마다 자신의 몸을 던져
아름다운 꽃길을 만들고
어떤 누가 밟고 짓이기든
언제나 자신을 던져 몸이 다할 때까지
망가진 길을 끊임없이 보수할 뿐
누구도 원망하지 않고 오히려 축복한다

오늘도 꽃길을 걸으며
부끄러운 내 삶을 반성하고
삶의 끝을 아름답게 마감하는 비법
꽃길에게서 배운다

(2022.04.08.)

꽃비

봄바람 불면 휘날리고
바람 그치면
하늘하늘 춤추며
떨어지는 꽃잎
너무 환상적이고 아름다워서
오히려 서럽고 안타깝다

너는 아름답게 꽃필 때조차
무슨 한이 그리 많아
화려한 꽃 속에
얼마나 많은 슬픔 간직했기에
떨어지는 꽃잎마다
그렇게 서러움 녹아내리나

지는 꽃이 피는 꽃보다
더 아름답고 환상적인 것은
아마도 늦봄의 심술궂은
꽃 귀신이 접혔나 보다

(2022.04.06.)

꽃 지네

꽃 지네
꽃이 지네
한 잎 두 잎
꽃이 지네

꽃이 지면
봄도 지고
내 꿈도 지네

꽃 지네
꽃이 지네
피는 듯
꽃 지네

꽃이 지면 그뿐
봄꿈 꾸던
내 사랑도 지네

꽃 지네
꽃이 지네
서럽게
꽃이 지네

(2022.04.03.)

봄날

해마다 오고 반드시 오지만
어떤 봄날도
매년 같은 봄날인지 알 수는 없다

기다린다고 빨리 오는 것도 아니고
지쳐서 포기할 때 쯤 몰래 왔다가
왔는가 하면 벌써 가버려서
지나고 난 뒤에야
알 수 있는 것이 봄날이듯

인생의 봄날도
쉽게 오지도 자주 오지도 않고
왔다 해도 봄인 줄도 모르다가
가고 난 뒤 뒤돌아볼 때에야
비로소 깨달을 뿐이지만

봄날은 봄이 온 줄 몰라도
꿈과 희망이 있어서
봄을 누리고 즐긴다면
언제나 봄날이 되는 것 아닐까

(2022.04.01.)

꿈

꿈은 커야 하고
꿈도 자주 꾸면 현실이 되어
언젠가 반드시 이루어진다지만

꿈은 꾸는 것이거나
깨는 것일 뿐
이루어지는 것이 아니다

꿈은 꿀 때 행복한 것이지
깨었을 때는 꿈이 클수록
실망도 슬픔도 커진다

꿈도 자신의 분수와
능력만큼만 꾸고 가져야
이루어질 수도 행복할 수도 있는
그런 것 아닐까

(2022.04.18.)

봄비 맞으며

대낮이 달밤보다 어두운
봄비 오는 어느 날
시집 출판비로 갈등하다가
혼자 혼밥 혼술한 뒤
우산 들고 무작정 빗속을 걷는다

늘그막에 나는 왜 시를 쓰는가?
왜 혼술 혼밥을 하며 사는가?
어렵게 번 돈을 왜 출판비로 쓰는가?
온갖 이유와 변명을 다 해보지만
어떤 것도 대답이 되지 못한다

그럼 글쓰기를 그만두고
비자금을 털어서 가족들에게
선심 공세를 펴면 달라질까?

비자금의 규모가 영혼을 살만큼
크지 않으니 순간의 모면은 가능해도
인생을 바꿀 수는 없겠다는 생각에
하얗게 센 머리만 두드리다가
젖은 몸을 말리려 기다리는 사람 없는
집으로 다시 돌아오고 만다

(2022.04.26.)

작천정 벚꽃길

옛날과 달리 봄만 되면
전국 어디서나 꽃이 지천이라서
벚꽃 자랑 오히려 무색하지만
작천정 벚꽃길은
여느 곳의 벚꽃보다 특별하다

백년 가까이 늙고 굵은 몸통에
나무 마다 상처투성이지만
너무 하얘서 하늘 감감한 벚꽃 속에는
온갖 새들의 세레나데 요란하고
꽃그늘에는 청춘 남녀들이 사랑 키우고
어린 아이들의 즐거운 웃음소리
세상 시름 잊게 한다

저렇게 늙고 상한 몸속에
얼마나 많은 사랑을 품고 있기에
봄마다 저렇게 아름답게 꽃피고
온갖 새들과 그렇게 많은 사람들을
불러 모울 수 있을까

몸도 나이도 벚나무만큼 늙었고
머리도 벚꽃처럼 하얗게 되었지만
새 한 마리 불러 모으지 못하고
그늘에는 누구 한 사람 품지도 못하는
나는 벚꽃이 너무 아름답고 환상적이서
오히려 부끄럽고 안타까울 뿐.

(2022.04.02.)

탄식

새해에는 무엇인가 의미 있고
가치 있는 삶을 살겠다고 다짐했지만
아무 것도 한 일이 없는데
벌써 사월 초하루가 되고 말았다

할 일도 할 수 있는 일도 없어
괜히 바장이고 안타까워하다가
무료하게 하루 또 하루를 보내다보면
다음 분기도 한 해도 인생 전체도
그냥 또 이렇게 가고 말겠지

어느 누가 외롭지도 서럽지도
그립지도 안타깝지도 않고
즐겁고 만족하고 행복하기만 한
그런 삶을 살겠는가마는

애태우고 서러워도 어찌할 수 없다면
차라리 포기하고 잊고 체념하는 것만이
오히려 노년을 노년답게 고통을 덜고
천리에 순응하는 안심입명의 삶 아닐까

(2022.04.01.)

이상과 현실

정의가 승리하고
착한 사람이 복을 받고
노력한 만큼 성공하고
사랑할수록 아름답고
마음을 여는 만큼 풍족해지고
인내할수록 성숙하면 좋겠지만
기대는 희망이거나 기대일 뿐
현실은 그와 상반되거나
어긋나는 경우가 더 많다

이상과 현실이 어긋나고
도리어 모순되는 것이 현실이지만
그래도 희망을 가지고
기대하고 추구할 수밖에 없는 것은
인간의 삶이 기대와 희망이
실현 되어서 행복하기보다
이상과 희망을 추구할 때가
오히려 더 행복하기 때문 아닐까?

(2022.04.29.)

먼지 지우개

미세먼지는 지우개다
지저분한 흔적과 고통만 남기는
불량 지우개다

고사리 손에 집어든 지우개는
삐뚤빼뚤 잘못 쓴 글이나
지저분한 어떤 흔적도
마음의 자국도 깨끗이 지우지만

겨울에 흩뿌리는 흰 눈처럼
뿌옇게 뿌려지는 미세먼지
영도섬도 부산타워도 금방 지우지만
시계視界나 마음만 어둡게 할 뿐
어떤 것도 깨끗하게 만들지는 못한다

지우개가 지운 공책은
새로운 출발과 미래를 가져오지만
미세먼지가 지운 세상은
흑색선전이 난무하는 대선전처럼
때 묻은 마음과 오염된 미래만 남긴다

(2022.02.27.)

노년의 행복

인생은 기쁨과 슬픔을
날줄과 씨줄로 엮어서 짠 베
동전의 양면처럼 슬픔과 기쁨도
언제나 교차할 뿐
슬픔이나 기쁨만 있는 인생은 없다

다만 스스로 행복하다고
생각하는 사람은 기쁨이 더 많고
불행하다고 생각하는 사람은
슬픔이 더 많을 뿐

죽음이 가까우면
사람은 하는 말이 착하다 했으니
천석꾼과 만석꾼의 기쁨과 걱정처럼
생각을 뒤집을 수 있다면

늙을수록 저절로
젊은이보다 더 기쁘고
행복할 수 있는 그런 것이 아닐까

(2022.04.12.)

말의 허실

좋은 말은
기대일 뿐이거나 그냥 말일 뿐
현실과는 다를 수 있다

조금 손해 본 듯 져 주는 듯
조금 모자란 듯 부족한 듯 살아야
관계가 좋아지고 마음도 편해지고
삶이 활기차고 인생이 깊어지고
좋은 것들이 풍성하게 채워진다지만

삶은 상대적인 것이라서
이미 성공했고 많이 가졌고 잘나서
언제든지 이길 수 있는 사람에게는
맞는 말이고 가능한 말일 뿐

언제나 손해 보고 가진 것도 없어
더 이상 손해 볼 것도 져 줄 것도 없는
그 맞은편에 있는 사람들에게는
현실에서 가능하지도 할 수도 없고
말로만 가능한 허울 좋은 말이거나
혹세무민의 가슴 아픈 말일 뿐

좋은 말은
희망 사항이거나 그냥 말일 뿐
진실이 아닐 수 있다

(2022.04.27.)

큰 말

태초에 말씀이 있은 이후에
세상을 지배하는 도구가 된 말
정치도 말로 하는 것이라서인지
선거철만 되면 어디서든 말만 많고
서로 큰 말을 하려고 애를 쓴다

오는 말이 고와야 가는 말이 곱다 했지만
능력 있는 사람들은 변호사가 되고
유전무죄 세상에서 권력도 잡아보겠다고
마침내 대선 후보의 입이 되어
스스로 상대를 찌르는 칼이 된다

칼이 된 입은 누가 더 독하게 말해서
상대의 오금을 저리게 하느냐에
자신의 능력이 판가름 난다고 생각하는지
말을 할 때마다 칼을 벼리고 독을 발라서
듣는 사람들이 귀가 더러워질까
오히려 혐오하는 줄도 모르고
경쟁적으로 독설만 야무지게 내 뱉는다

정말 독하고 날카롭고 못된 말이
잘하는 말이고 큰말일까
가는 말이 고와야 오는 말도 곱고
한마디 말로 천 냥 빚도 갚는다는 말처럼
진정 큰 말은 부드럽고 아름다워서
상대는 물론 듣는 모든 사람을 설득하고
감동시키는 말이 아닐까

잘나고 힘을 가졌고 말도 잘한다는 그들의
소름 돋고 귀에 거슬리고 추악한 큰 말들
오히려 자신을 찌르는 칼이 되지나 않을는지

(2022.01.11.)

재채기

인후 부위가 답답하고
뱉어내려 해도 뱉어지지 않다가
코끝이 간질간질하면서
갑자기 튀어나오는 재채기
감기의 전조 현상이라지만
오히려 가슴은 시원하고 상쾌하다

요즘 며칠 사이
본의 아니게 빈둥거리며
시라도 한 편 써보려 했지만
코끝만 간질이는 재채기처럼
시상은 떠오를 듯 말 듯
가슴만 답답하고
시는 써지지 않는다

재채기가 나지 않으려면
코끝을 간질이지나 말든지
떠오를 듯 떠오르지 않는 시상
간질거리는 코끝보다 괴롭다
차라리 재채기라도 한 번 나든지

(2022.01.26.)

인생의 비극

삶은 남의 눈을 위해 산다는 말처럼
인생의 비극은 자신의 능력과 기대에 대한
남의 시선과 평가에 전전긍긍하거나
부당하다고 착각하는 것에서 비롯되지만

자신에 대한 긍정평가에 만족하거나
부정적 평가에 수긍하는 사람도
남의 어떤 평가에도 진심으로 마땅하다는
사람은 그리 많지 않다

사람은 누구나 자신의 분수를 잘 모르고
자신의 분수에 대해 과대평가를 하거나
남들이 생각하는 것보다 잘 났다고
생각하는 것이 인간이기 때문이다

자신의 분수와 주어진 현실에 만족하고
남의 평가에 연연하지 않고 초연하며
오로지 자신의 의지대로
나름의 삶을 살 수만 있다면
누구나 만족하고 행복할 수 있을 텐데

(2022.02.24.)

자식 키우기

사람은 자식을 키워봐야
부모의 마음을 안다는 말처럼
자식을 키우는 일은
마침내 자신을 어른으로 키우고
어른으로 만드는 과정이다

어떤 도둑놈도 자기 자식에게
도둑놈이 되라고 가르치지 않듯
자식을 키우고 교육을 시키는 과정은
먼저 자신을 가르치는 과정이 된다

자식을 키우는 것은
자식을 최소한 자신과 같거나
자신보다 잘난 사람으로
만들고자 하는 과정이기에
결국 자신이 어른다운 어른으로
성장해야 하는 자기완성과 반성의
그런 과정 아닐까

(2022.03.26)

옮겨심기

내안에 너를 심고
네 안에 나를 심고 싶다

내 안에서 네가 자라
나처럼 꽃피고 열매 맺어
너와 내가 하나 되면
일마다 화합해서 환성이 나올 수 있도록

둘이 하나 되고
네가 내가 되고 내가 네가 되어
손뼉처럼 딱딱 맞으면
그 소리 얼마나 아름다울까

사람은 누구나 이기적이라서
내가 먼저 네가 되지 않는 한
너도 내가 될 수 없지만

(2022.03.22.)

체념

성공과 실패 불행과 행복은
분수에서 시작되고 끝난다

사람은 분수를 알 수 없기에
불행은 운명이라 말하지만
최선을 다했다면 그 결과가 분수다

분수와 운명은 이미 정해져 있고
될 것은 아무렇게나 해도 되고
안될 것은 아무리 애써도 안된다

주어진 결과에 체념하고
결과에 만족하면
그 정도의 불행으로 끝나지만

분수를 착각하고
결과에 만족하지 못하면
불행과 고통만 키울 뿐이다

체념은 분수의 자각이며
불행과 고통을 줄이고
안심입명을 불러오는 지름길이다

(2022.05.17.)

부조화不調和

세상은 흥진비래하고 고진감래해서
방귀 길나자 보리양식 떨어지고
인생도 한 갑자 넘어서서 무엇인가
알만하면 벌써 갈 때가 가깝듯

새 아파트단지는 건물은 새뜻하나
새로 조성한 조경수들은
아직 터를 잡지 못해
엉성하고 제 멋을 자랑하지 못하고

재건축이 필요한 오래된 아파트단지는
건물은 낡아서 볼품이 줄어들었지만
한창 때인 조경수들은 자랑하지 않아도
저절로 감탄을 자아내게 한다

한 쪽이 길면 한 쪽은 항상 짧아서
모든 것은 서로 대등 공평하기보다
도리어 부조화가 조화를 이루듯
다 좋은 것도 나쁜 것도 없는 것이
오히려 삶의 공평한 조화 아닐까

(2022.05.06.)

비정한 즐거움

자연 생태계는 약육강식의 세계지만
살기 위해서 죽이고 먹을 뿐
인간들처럼 즐기기 위해 먹고
죽이지는 않는다

낚시는 시간을 보내고 즐기기 위해
미끼를 드리우고 물고기를 낚지만
물고기에게는 목숨이 달렸듯

봄나물도 어리고 연할수록 맛있다고
봄만 되면 할 일 없는 사람마다
비닐봉지와 날선 칼을 들고 산과 들을
헤매지만 푸성귀에겐 생명이 달렸다

엄동설한의 겨울을 겨우 지나고
봄 가뭄에 죽음 같던 목마름을 건너서
먼지잼비에 겨우 떡잎 두 쪽을 내밀었는데
입맛을 다시며 사정없이 목을 자르는 인간들
정말 생명존중의 자연애일까

봄나물 아니라도 먹을 것도 즐길 것도
많다면 며칠만이라도 숨 쉬고 생을 즐길
수 있도록 시간을 주는 것이 입맛보다
힘찬 생명력의 경이를 엿보는
즐거움 아닐까

(2022.03.16.)

집들이

평생 살기로 작정하고 새로 마련한
멋진 집에 집들이 할 때는
임시거처나 전셋집의 집들이 때와는
사뭇 달라서 가구의 준비와
처리도 특별하다

새 술은 새 부대에 담는다는 말처럼
새집의 집들이는 그때까지의 삶을 정리하고
새로운 각오와 마음으로 이전보다 더 나은
새 삶을 추구하는 시작이기에
이전에 사용하던 가구 중에 손때가 묻고
버리기 아까운 것조차도 새로운 집과
시대적 트랜드에 맞지 않으면
과감하게 버리고 새 가구로 교체한다

특히 옛날 남의 집에서 보고 부러워했던
가구라도 남이 쓰다가 버린 것이라면
비록 격이 낮은 것을 새로 구입할망정
절대로 남의 것을 재활용하지는 않는다

새집에 집들이할 때의 가구 처리도
이러하거늘 하물며 정권교체를 통해
새로운 국가를 건설하겠다는 정권이라면
인재의 등용은 그 나물에 그 밥보다
더욱 엄격하고 달라야 하는 것 아닐까

(2022.04.14.)

제4부

뻐꾸기

보리가 누렇게 익고 모내기철이 다가오면
뒷산 곳곳에서 들리는 뻐꾸기 울음소리
힘들게 보릿고개 넘던 어머니의
한 맺힌 울음소리다

굶주림에 허덕이는 자식들 차마 보지 못해
입을 하나 덜기 위해 밥이나 굶지 말라고
이웃마을 부잣집에 꼴머슴이나 애보기로
남의집살이 보내놓고 뻐꾸기 울음소리
들릴 때마다 어린 자식 걱정되어 남몰래
훌쩍 훌쩍 울음 삼키시던 어머니

스스로 새끼를 돌볼 수 없어 남의 집에
알을 낳고 그래도 새끼가 걱정되어
밤낮으로 근처를 맴돌며 끊임없이
뻐꾹뻐꾹 울음 우는 뻐꾸기

해마다 이맘때쯤 보릿고개 넘으며
훌쩍훌쩍 울음 울던 어머니의 울음소리와
남의 집에 알을 낳고 뻐꾹뻐꾹 울음 우는
뻐꾸기의 울음소리는 서로 다른 소리일까

(2022.05.26.)

도둑놈

푼돈을 소매치기하거나
밤중에 남의 집 담을 넘거나
보이스피싱을 하는 잡범들은
콩밥을 먹거나 대가를 치르지만

제정일치 시대의 사제는 누구나
신탁을 빌미로 전대 사제를 죽이고
제사장이 된 살인자였고

왕조 시대의 창업주는
언제나 백성을 핑계로 반역을 통해
천하를 훔친 도둑놈이었으며

오늘날 절대 권력자도 국민의 뜻이란
미명하에 권력을 잡기만 하면
공약公約을 공약空約으로 만들며
국민을 속이고 사기를 쳤지만

어떤 도둑놈도 사기꾼도 성공해서
절대 권력을 잡기만 하면
벌을 받거나 대가를 치르기는커녕

과정과 수단과 방법에 상관없이
도리어 영웅으로 존중 받는 것은
대도는 법 위에 있기 때문일까

(2022.05.07.)

산복도로 윗동네

비좁은 골목마다 비쩍 마르고 꾀죄죄한
아이들이 삼삼오오 모여서 하루 종일
시끌벅적 놀고 다투면서 울고 웃는
울음과 웃음소리 끊이지 않았고

판잣집과 루핑집이 서로 어깨를 맞대고
이어져서 비록 가난했지만 저녁이면
전등불이 없어도 하늘의 별들이
밤마다 놀러오고 천사들도 친구하러
찾아와서 서로 마음과 정을 나누는
인정 많은 사람들이 모여 살던 동네

지금은 판잣집이 벽돌집이 되고 루핑집이
슬라브집이 되었지만 한낮에도 골목을
지나가는 바람소리만 휑할 뿐 아이들의
웃음소리 끊어져 인적이 뜸하고 밤에는
전등불이 대낮처럼 밝아도 별들은커녕
한집 건너 한두 집에 불이 꺼지고

퇴락한 담벼락에 그려진 아이들의 웃는
모습과 천사의 날개만이 오히려 그곳이
천사들이 살던 달동네였음을 강변할 뿐.

(2022.06.20.)

신록新綠

연초록 잎새가 하늘을 덮어
가지 사이로 언뜻언뜻 보이는
하늘이 더 궁금한 오월의 산행

한숨 돌리며 산 중턱 약수터에 앉아
머리 들어 하늘을 바라보면
간밤 몰래비에 몸 씻은 연두 잎새
반들반들 하늘하늘 봄꽃보다 아름답다

겨울을 넘어선 봄꽃은
꿈도 사랑도 꽃피우지만
너무 짧아 오히려 허무한 봄꿈

꽃 진 자리 피어난 연두와 신록
아린 가슴 위무하고 쓸어주며
짙어질수록 새 꿈을 키운다

(2022.05.03.)

행복한 소리

세상에 존재하는 수많은 소리 중에
메스미디어를 통해 끊임없이 전달되는
기다리지 않은 광고와 카톡 소리는
소음이 되고 짜증이 되어
삶에 고통과 스트레스를 가중하지만

이유도 없이 소식이 끊어졌던
그리운 친구의 보고 싶다는
뜻밖의 전화벨소리는 언제나 삶의
환희를 느끼게 하는 반가운 소리다

도회지에서 어느 날 밤중에
갑자기 듣게 된 개구리 울음소리는
아련한 옛 추억을 더듬게 하고
이른 아침잠을 깨우는 까치 소리는
하루의 시작을 즐겁게도 하지만

늙을수록 아무런 사심 없는 친구가
안부를 묻고 잘 살고 있다는 소식은
어린 손자녀의 애교 섞인 웃음소리처럼
세상의 어떤 소리보다 행복한 소리 아닐까

(2022.05.16.)

찔레꽃

어린 시절 가시가 무섭고
가지 밑에 뱀이 숨어 있다는
형들의 말에 벌벌 떨면서도
배고픔과 목마름을 참지 못해
새순을 꺾어 먹었던 찔레꽃

긴 덩굴을 따라 하얗게 뒤덮은 꽃
여섯 장의 하얀 꽃잎에 노란 꽃술
가까이 다가가 아무리 살펴봐도
특별한 것은 없지만
가까이할수록 기분 좋은 향기

꽃향기보다 먹을 수 있는
새순이 더 좋았던 꽃
지금은 먹는 이 없어도
유명 회사의 어떤 향수보다
상큼하고 그립고 향긋하다

(2022.05.09.)

퇴기退妓

잘난 남자를 만나 사랑을 나누고
첩실이라도 되어 평생을 의탁하는
것이 조선조 기생의 삶과 꿈이었다면

기생으로서의 뜻을 이루지 못한 채
마침내 퇴기가 되고 말았다면
기생은 꿈을 접고 자신의 분수와 운명에
순응해야 여생이 편안할 수 있었다

딱딱하게 마른 북어가
대양을 헤엄치는 명태로 착각하면
방망이질만 더하게 되듯
몸은 퇴기가 되었으나
마음이 여전히 기생이라면
생각지도 못한 화만 더할 뿐

우리의 삶도 나이와 처지에 따라
자신의 분수를 알고
분수에 맞는 마음가짐만이
안심입명의 지름길 아닐까

(2022.05.17.)

나와 남의 일

인생의 성패를 결정짓는 열쇠는
나와 남의 일에 대한 서로 다른
눈과 생각일 뿐이지만

이 세상 어느 누구도 자기의 일은
가장 힘들고 남의 일은 쉽다고
생각지 않는 사람은 드물다

나와 남의 일에 대한 생각과 태도는
역지사지해보면 마찬가지일 뿐
나의 일보다 쉽고 편하면서
더 좋은 일은 어떤 것도 없다

모든 일을 아전인수격으로만
생각하고 판단하는 것이
마침내 일이나 인생의 성패를 결정짓는
바로미터가 되는 것 아닐까

(2022.05.22.)

내 탓, 네 탓

Rhonda Byme는 저서 The Secret에서
성공하기 위해서는 모든 것을 내 탓으로
돌려야 한다고 해서 큰 인기를 얻었지만

인간 삶의 승패와 성패는 상대적이어서
세상 어떤 일도 내 탓만의 일도
네 탓만의 일도 없다

내 탓은 잘난 자나 성공한 자에게
필요한 자랑이거나 변명일 뿐
실패만 거듭하거나 못난 사람에게는
고통과 좌절만 더할 뿐 다른 성공이나
안심입명을 가져오지는 못한다

사회적 약자가 억울하고 분해서
차라리 죽고 싶을 때
살아남고 천수를 누리는 유일한 방법은
모든 것을 운명과 팔자로 돌리고
체념할 수 있는 네 탓만이
천하제일의 명약 아닐까

(2022.05.21.)

바른 삐딱함

삐딱하게 서서 똑바로 보면
도리어 삐딱한 것이고
삐딱한 곳에 똑바로 섰으면
비딱하게 봐야
오히려 똑바로 보는 것이 된다

지구는 삐딱하게 서있어도
사람이 똑바로 돌면
똑바르다 하고

사람은 똑바로 서있어도
삐딱하게 돌면
삐딱하다 한다

삐딱하게 서서
똑바로 보는 것이나
똑바로 서서
삐딱하게 보는 것은
관점의 차이일 뿐
도진 개진 마찬가지 아닐까

(2022.05.13.)

늙은 장송長松

엄광산 비탈진 등산로 아래
장송들이 군락을 이룬 곳
가지는 다 부러지고 잎도 없지만
옹이 하나 없는 아름드리 체구와
십여 미터가 넘는 키만이 과거에
낙락장송이었음을 말해주는 소나무

멀리서 보면 우람한 체구에 감탄하지만
가까이서 보면 가지와 잎조차 다 떨어져서
퍼석한 껍질에 애절함과 슬픔만 더하고
자세히 보면 풍진 세상을 버티는 고집이
오히려 안타까움을 더할 뿐

푸른 잎새 무성할 때는 찾아오는 새마다
언제나 반갑게 맞아 깃들이게 하고
그늘에는 무엇이든 쉬어가게 하던 보람
이미 사라지고 찾아오는 새도 쉬어가는
그 무엇도 없이 언제 쓰러질지 모르는
낡고 삭아 내리는 몸통만 남았다

주변의 장송들은 위세가 여전한데
무슨 사연으로 가지마저 다 부러지고
솔잎 하나 없이 버티고 서있는 모습
정년한 지 몇 년이 지나지도 않아
안부를 묻는 전화조차 한 통 없어
개 보름 쇠듯 스승의 날을 보내는
정년퇴직한 늙은 선생을 닮았다

(2022.05.15.)

변화變化

지조와 신념이 굳고 초지일관하며
일이관지해야 크게 성공한다 하지만
개꼬리 삼년 묻어두어도 소꼬리 되지 않듯
평생 한 우물만 파도 수맥을 잘못 짚으면
자기 무덤만 팔 뿐

십년이 멀다하고 삶의 패러다임이
변하는 세상에 한 가지만 고집하는 것은
묵수일 뿐 지조가 아니며 세상이 변하면
세상에 자신을 맞추어야할 뿐만 아니라
오히려 자신이 먼저 변해야 성공할 수 있다

장강대하를 힘차게 거슬러 올라가서
알을 낳던 연어라도 변화된 환경에
적응하지 못하고 이전의 신념만 고집하면
마침내 멸종하고 말듯

불의와 비겁이 아니라면
꿩 잡는 것이 매라는 말처럼
세상보다 자신이 먼저 변하고 적응하며
패러다임 자체를 선도하고
변화해야 성공하는 것 아닐까

(2022.05.30.)

봉황鳳凰의 역설

봉황출현은 임금이 나라를 잘 다스린
태평한 세상이나 시대의 증거라지만

진정 태평성대라면 백성이 행복하게 살면
그만이지 구태여 봉황이 나타나서 증명해야
태평성대가 되는 것은 아닐 터

봉황은 다른 새들이 싫어하는 오동나무에만
깃들이고 다른 짐승들이 먹지 않는 죽실만
먹어서 굶주리면서도 다른 동물들에게
피해를 주지 않는다

태평성대가 권력자들만 잘 먹고 잘사는
세상이 아니라 힘없는 민중들이 배부르고
근심걱정 없이 잘사는 세상이라면

봉황의 출현은 태평성대의 증명이 아니라
오히려 태평성대에 대한 백성들의 기대와
지배자에 대한 경계를 상징적으로
보여주는 역설 아닐까

(2022.05.23.)

현실

구렁이가 천년을 애쓰고 기다렸으나
결국 승천하여 용이 되지 못하면
화가 치밀고 분기가 위로 치솟아
콧구멍이 위로 뚫리는 이무기가 되듯

사람도 평생을 바쳐 혼신의 노력을
다했으나 끝내 꿈을 이루지 못했고
앞으로도 이룰 희망조차 없다면
화병으로 천수를 누리기 어렵다

사람은 꿈을 먹고 꿈을 위해 살지만
꿈은 항상 상대적이고 분수 밖이라서
어느 누구도 꿈을 다 이루거나
이룰 수 있었던 사람도 드물다

꿈은 현실을 사는 희망이자 힘이지만
깨었을 때는 더 큰 좌절과 고통을
줄 수 있기에 천수를 누리려면
현실은 언제나 그러려니 하는 체념과
이솝의 신포도가 더 필요한 것 아닐까

(2022.05.21.)

상대성

세상 만물은 독립적으로 존재하지 않고
다른 존재와 의존적 관계를 맺고 있어서
큰 것도 일정한 양과 비교됨으로서 존재하고
부모도 자식과의 관계 속에서만 존재하듯
올바름도 다른 조건에서는 상대적일 뿐

정치도 여당과 야당도
서로 상대의 존재와 의존적이지만
현실은 내편과 네 편만 존재하고
네 편은 없어져야 하는 존재일 뿐
반드시 필요한 상대적 존재라고
인식하거나 인정하지 않는 듯하다

너와 나의 관계나 정치나 국제 질서도
독립적이 아니라 상호 의존적인 관계라서
내편의 존재를 가능하게 하는 것은
오로지 네 편이 있기 때문일 뿐
네 편이 없으면 내편도 존재할 수
없다는 것을 정녕 모르는 것일까

(2022.05.27.)

연緣

인간은 천륜이라는 혈연과 만남이란
인연으로 살아가며 연의 작용에 의해
결정되는 인간의 생사화복

성공과 실패의 바로미터가 되지만
개인의 의지로 어쩌지 못하는 연이라서
인생 모두를 책임지지는 못하는 혈연

개인의 의지에 따라 넓고 단단해지거나
좁고 느슨해질 수 있어서 출발은 힘들어도
노력에 따라 삶의 행복과 불행을
스스로 개척할 수단이 될 수도 있는 인연

어떤 성패와 행불행도 인생 전체로 보면
혈연보다 결국 누가 누구를 어떻게 만나고
어떤 관계와 연을 맺는가에 따라 결정되듯

현대 인간 삶의 행복과 불행은
먼 형제보다 이웃사촌이 더 낫다는 말처럼
결국 만남의 연이 결정하는 것 아닐까

(2022.05.20.)

오르내리기

어디든 높은 곳을 오르기는
내려오기보다 힘들고 어렵지만
시간문제일 뿐 노력하면 언젠가는
누구나 올라갈 수도 있다

내려오기는 쉽고 순간적이지만
추락하는 것은 날개가 없어서
높이 올라갈수록 내려오기가
더 힘들고 위험할 수도 있다

희망하는 성공이나 권력의 나무도
자신의 평생을 바쳐야 하거나
바쳐도 올라가지 못할 수도 있지만

권좌는 올라갈 때 정의롭지 못했다면
내려올 때 아무리 조심해도
올라갈 때보다 더 위험하고
내려와서도 안전하기 어렵다

내려오기가 편하고 안전하려면
올라가는 과정이 정당하고
올라가서도 겸손하고 당당해야
안전하고 편하게 내려올 수도 있고
내려와서도 편하고 안전한 것 아닐까

(2022.05.09.)

이별이 남긴 것

사랑이 눈물의 씨앗이라면
이별은 상처와 그리움의 씨앗이고
상처는 세월 따라 아물어 사라지지만
영별의 죽음은 그리움만 남긴다

어린 시절은 만남도 이별도 적어서
어떤 씨앗도 자라지 않지만
세월이 자라면 만남도 많아지고
사랑도 이별도 자라나서
저절로 그리움도 쌓이게 된다

세월이 늙어 만남은 줄어들고
이별만 점점 늘어갈 때면
그리움도 영글고 익어서
어느 사이 씨앗이 떨어져
그리움만 심고 키우게 된다

범은 죽어서 가죽을 남기고
사람은 죽어서 이름을 남긴다지만
그리움 없는 이름은 남길 수 없어
사람은 죽어서 누구나 후손의 가슴에
그리움을 심고 남긴다

(2022.05.10.)

요술방망이

머리 위에 백설이 똬리를 틀고
가는 세월이 안타깝고 무료해서
삶이 고독하고 허무할 때는
온갖 번뇌가 연인보다 다정하지만

시흥이 일어나고 시상만 떠오르면
진종일 말붙일 곳 하나 없어도
혼밥과 혼술이 일상이 되어도
외롭지도 슬프지도 힘들지도 않고
즐겁고 기뻐서 콧노래가 절로 나며
힘들수록 모든 잡념 사라지고
오히려 엔돌핀이 증폭된다

시는 청춘의 장르라지만
시상은 노인에게도 백발일수록
삶의 슬픔과 고통을 잊게 하고
기쁨과 행복을 가져다준다면
시는 요술방망이나 마술사 아닐까

(2022.05.01.)

존중과 겸양

존중은 상대를 높이고
겸양은 자신을 낮춘다는 뜻이지만
자신을 낮추면 상대는 저절로 높아져서
존중과 겸양은 서로 다른 말이면서
같은 말이다

전장에서 지피지기하면 필승이라 하지만
실제로 지피하거나 지기하기는 어렵다
다만 자신을 겸양하고 낮추면
저절로 지기하게 되고
상대를 존중하고 높이면 지피하게 되어서
적에 대한 존중과 자신의 겸양은
언제나 승리를 가져오는 묘책이 된다

전장에서의 지피지기나
일상생활에서의 존중과 겸양은
서로 다른 말이면서 같은 말이며
언제나 삶을 승리로 이끄는 나침판이다

(2022.05.20.)

천사

높은 곳은 하늘이 가까워서
천사가 산다는 말은 거짓말이 아니다

달동네 좁은 골목 안 빈 집의
마당이나 빈집을 헐어낸 공터에는
잘 갖추어진 놀이시설 하나 없어도
허름하고 꾀죄죄한 모습의 어린이들
하루종일 삼삼오오 모여서 무엇이
그리 좋은지 부산하게 장난치고
소리치며 깔깔대는 웃음소리 끊이지 않는다

갈 곳도 할 일도 먹을 것도 없어
또래 친구들이나 형들과 어울려
오징어게임 비석치기 고무줄놀이하며
함께 어울려 놀 때 배는 고팠지만 시간 가는
줄 몰랐던 오육십 년대 그 시절이 그립다

달동네 높은 곳에 사는 어린이는
하늘이 가까워서 저절로 천진무구한
천사가 되는가 보다

(2022.05.20.)

집

더위 추위 비바람만 막아주는
사람의 거처는
건물일 뿐 집이 아니다

새들은 새끼를 낳고 키울 때만 집을 짓고
새끼들이 자라서 집을 떠나면
집을 찾지도 짓지도 않아 집이 아니듯

사람 사는 집도 함께 살고
걱정하며 기다리는 누군가가 있고
보고 싶은 누군가가 있어야 집이지
없다면 금액 불구 건물일 뿐이다

그리워하며 기다리거나
사랑하며 보고 싶어 하는 사람 없는
독거노인이 사는 집은 건물일 뿐
사람이 사는 집이 아니다

아파트를 아무리 많이 지어도
주택이 부족한 것은 건물은 많아도
집이 부족하기 때문인 것처럼

(2022.05.07.)

제5부

연습練習

고희를 지났다면 고독하고
눈이 침침하고 귀가 잘 들리지 않고
종일토록 한마디 말할 사람조차 없다고
투덜대고 애태우며 서러워하지 마라

지금은 가끔이라도 만날 사람도 있고
자세히 볼 필요도 들을 이유도
말할 필요도 그리 없지 않은가

죽으면 올 때처럼 영원히 혼자이고
보고들을 수도 보고들을 필요도
말할 수도 말할 이유도 없지 않은가

지금 고독하고 눈이 침침하고
귀가 잘 들리지 않는 것들은
죽은 이후를 대비해서 미리 체험하는
연습이라 생각하자

어쩔 수 없으면 즐기라는 말처럼
주어진 상황을 너무 안타까워하거나
슬퍼하지 말고 담담하게 맞이하며
오히려 즐기자 지금은 연습일 뿐이니까

(2022.06.13.)

누리호

미완의 성공이었던 나로호의 뒤를 이어
마침내 누리호가 우주 속에 우리의 깃발을
우뚝 세우고 세계 우주산업 칠대 강국에
들어섰다며 멀지 않아 달착륙선 다누리도
발사 된다하니 우리의 발전된 과학기술과
첨단산업은 자부심 느끼기에 충분하다

다만 인간의 욕망이 달을 넘어 화성으로
그 넘어 우주 전체로 향하고 있는 지금
과학문명의 끝없는 도전과 발전이 인간
삶을 훨씬 편리하고 풍족하게 만들었지만
인간의 행복지수는 최빈국이 부국보다
오히려 더 높다는 통계가 보여주듯
결코 인간에게 행복을 주지는 못한다

인간의 끝없는 욕망과 과학발전과 우주개발은
마침내 인간세상을 넘어 우주마저 파괴하고
불행하게 만들지나 않을까 걱정되는 것은
나만의 기우이거나 무식의 소치일 뿐일까?

(2022.06.22.)

모래톱

바위도 처음엔 산이고 땅이었지만
세월을 만나 사랑하고 부대끼면서
크고 작은 바위로 갈라지고 쪼개져
나름의 쓰임과 소임을 다하다가

세월에 비바람이 더해지면서
구르고 던져지고 깨어지고 부서져서
더 작은 자갈이나 모래가 되었다가

어느 날 큰물지는 태풍이나 홍수를 만나
본의 아니게 떠밀리고 휩쓸려서
자기 깜냥만큼 구르고 떠내려가다가

마침내 강물이 힘을 잃고 평심을 되찾으면
자신의 분수만큼 가라앉아 억겁의 시간 속에
태고를 안은 천형처럼 납작하게 된 모래톱

강물이 하구에 모래톱의 역사를 새긴 만큼
세월이 또 그만큼 더 흐르고 쌓이면
파도가 할퀼수록 큰물이 덮칠수록
모래톱은 다시 땅이 되고 산도 되겠지

(2022.06.03.)

노년의 건강

산수傘壽를 바라보는 나이가 되면
어디가 아프고 어디가 안 좋다고
징징대거나 투덜거리며 안타까워 말자

무쇠로 만든 가마솥도
그 정도 사용하면 구멍이 나게 되듯
세월 이기는 장사가 어디 있으랴

아프고 슬프고 외롭고 힘들면
갈 때가 되어서 그르려니 여기며
그날까지 그냥저냥 참고 견디자

사고사가 아니라면
병들고 아프지 않고 멀쩡한데
가는 사람 어디 있더냐

괜스레 소리치고 야단 떨면
더 괴롭고 힘들고 추하게만 될 뿐
차라리 여생을 즐기려 노력하자

(2022.06.13.)

대신동 꽃동네

주말이나 공휴일만 등산객들의
방문으로 시끌벅적할 뿐
평일은 대낮이라도 한적한 꽃동네

산 밑 동네에는 술자리가 무르익고
새로운 밤 문화가 시작되는 밤 9시경
산마루 꽃동네는 오히려 집집마다
불이 꺼지고 거리는 인적도 끊어진다

밤마다 불야성을 이루는
산 밑의 도회지와는 달리
초저녁부터 집집마다 불이 꺼져도
하늘의 달과 별이 밤마다 놀러 와서
친구 되는 꽃동네

별과 달이 친구하고 역사해서
꽃이 피지 않아도
사람들도 꽃을 닮아
꽃보다 아름다운 꽃동네

(2022.06.20.)

동물농장

농장을 관리하던 왕이 죽자
동물들은 새로운 왕을 뽑기로 했다

사납고 거친 고양이 과의 표범과
욕심 많고 비겁한 늑대만이 입후보하여
양의 탈을 쓰고 서로 겨룬 결과
간발의 차이로 표범이 승리를 했다

왕이 되었으나 불안을 느낀 표범은
왕권을 강화하고 반대파를 억누르기 위해
쥐를 잡는 데는 고양이가 최고라며
능력을 내세워 주변을 온통 고양이로 채웠다

동물 가족은 쥐를 잡는 것도 중요하지만
쥐가 생기지 않는 세상이 태평성대라며
쥐가 다 죽은 뒤에는 토끼도 닭도 새도
힘없는 자부터 차례로 죽게 될까 걱정한다

왕은 힘만이 평화와 행복을 가져온다고
가족들의 걱정을 들은 채도 하지 않고

말 많으면 더 많은 고양이를 풀겠다며
위협하고 자신을 정당화 하려고만 한다

처음부터 큰 희망이나 기대도 없었지만
조지오웰의 농물 농장이 새삼 생각나고
현실이 걱정되는 것은 나만의 기우일까

(2022.06.10.)

비 오는 아침

부산 타워와 북항과 절영도가 그곳에
있을 것이라는 짐작만으로 확인되는
며칠 째 비 내리고 안개 자욱한 아침

누구는 따끈한 커피 한 잔 들고
빗소리 들으며 창밖을 내다보면
참으로 낭만적이고 선경 같겠다지만

모든 풍광은 권리풍광이 본지풍광보다
아름다운 것처럼 낭만적인 선경도
보는 사람의 시각과 마음 탓일 뿐

비가 와도 날이 좋아도
짚신 팔 일도 우산 팔 일도 없고
할 일도 할 수 있는 일도 없는데

점령군 같은 안개는 무진기행* 같고
빗물에 씻기지도 마르지도 않는 마음
괜스레 억울한 것은 비와 안개 탓 만일까

(2022.06.27.)

* 무진기행 : 김승옥의 소설 제목

수련

이맘때 부산 대각사 문간 양편에는
그곳이 무욕의 청정 세계이자
자신이 부처님의 연화좌대인 양
청초한 수련이 한 송이씩 피어 있다

연못의 진흙 속이나 크고 아름다운
항아리나 화분도 아니고 돌을 깎아 만든
작고 야트막한 절구통 속이지만
수련은 아름답고 우아한 자태를 뽐낸다

금수저나 흙수저를 따지고
자신의 처지를 탓하거나 비관하며
세상을 원망하고 탓하는 인간들과는 달리
탐욕으로 영일의 날이 없는 인간들에게
부처님의 불성을 보여주려는 듯

수련은 어떠한 곳에 놓여 지더라도
물이 고인 웅덩이만 있으면
그곳이 원래 자신의 자리였다는 듯
때가 되면 언제 어디서든지 최선을 다해
아름답게 꽃을 피운다

(2022.06.10.)

남녀 관계

옛날부터 스승은 제자에게
영웅이 가는 길에는
여자가 항상 걸림돌이 되었다며
큰 뜻을 품었으면 여자를 멀리하고
경계하라고 가르쳤다

금시조는 용만을 잡아먹고 산다 했는데
세상의 모든 여자가 금시조는 아니어도
스스로 용이라고 목에 힘주던 잡용들
하나같이 여자를 너무 가까이 해서
나락의 구렁텅이에 떨어졌다

가까이하면 예의가 없어지고
멀리하면 원망하니
불가근 불가원해야 된다는 농담이
새삼 진리처럼 다가온다면
사람이 제 분수를 착각한 탓 만일까

(2022.06.22.)

현충顯忠비

우크라이나 전쟁, 의외의 산불,
치솟는 곡물가와 유가와 물가
가뭄으로 타는 민중의 목마름
달래주는 현충일의 질펀한 단비는
호국선열들의 현충비다

현충일도 공휴일의 연장일 뿐
역사를 잊은 엉덩이 뿔난 족속들
앞 다투어 공항을 빠져나가며
희희낙락 으스대는 모습 꼴불견이지만

애당초 어떤 대가도 기대도 없이
오로지 구국일념만으로 초개처럼
목숨 던진 무명용사들
후회는 없기에

목숨으로 지켜낸 조국
시드는 후손들 차마 보지 못해
그 때 그 마음 다시 모아
오늘도 단비 되어 현충비로 내린다

(2022.06.05.)

초연한 삶

방귀 길나자 보리 양식 떨어지고
노처녀 시집가려 날 받으면 등창 나듯
안 되는 놈은 무엇을 어떻게 해도
안 되어 언제나 호사다마할 뿐이고

엎어지면 콧구멍에 동전이 끼고
길가다 주운 로또복권 일등 당첨되듯
되는 놈은 무엇을 어떻게 하든 잘 되어
언제나 새옹지마 하지만

오르막이 있으면 내리막이 있고
음지가 있으면 양지가 있듯
호사다마와 새옹지마도 항상 번복되어
결과는 언제나 도진 개진할 뿐

다만 호가 없으면 마도 없고
시도하지 않으면 번복도 없기에
주어진 현실에 최선을 다하면 그뿐
결과에 너무 안달복달할 필요는
없는 것 아닐까

(2022.06.11.)

자유의 아이러니

남의 구속을 받거나 무엇에 얽매이지 않고
자기 마음대로 할 수 있는 것을 자유라 하지만
현실에서는 나이와 능력에 따라 서로 모순 될 뿐
마음대로 할 수 있는 자유는 어디에도 없다

젊은 시절에는 무엇이든 마음대로 할 수 있는
자유가 주어지지만 능력이 없으면 하고 싶어도
할 수 없거나 하기 싫어도 어쩔 수 없이
해야 하는 명목의 자유만 주어질 뿐

늙으면 해도 그만 안 해도 그만이지만
이미 할 일도 없고 할 수도 없어서
할 수 있는 자유는 저절로 사라지고
단지 하기 싫으면 언제든지 하지 않아도 되는
하지 않을 수 있는 자유만 주어질 뿐

자유는 능력이나 나이에 따라 해야 하거나
하지 말아야 하는 모순된 자유만 존재할 뿐
본인의 의지와는 상관없이 저절로 제한되고
구속되는 아이러니한 존재 아닐까

(2022.06.14.)

다른 길

근교에 건강 등산을 매일 하다보면
자주 다니는 길은 왠지 지루하고
답답해서 다른 길로 가보고 싶어진다

막상 다른 길로 가보면 어떤 길은
평탄해서 조금 더 편하기도 하고
사람이 적게 다녀 풀이 우거지고
돌이 울퉁불퉁 튀어나와 험한 길은
조금 더 힘들기도 하지만
어떤 길도 개진 도진 비슷할 뿐

인생살이도 살다보면 남과 비교되고
힘들어서 바꿔보고 싶을 때도 있지만
여우를 피하려다 범을 만났다는 말처럼
알고 보면 본지풍광과 권리풍광의
차이일 뿐 속내는 거기서 거기
등산로의 다른 길과 마찬가지다

인생은 너는 너대로 나는 나대로
자신의 길에서 최선을 다하면 그뿐
남을 부러워하거나 비교할 필요도
곁눈질할 이유도 없는 것 아닐까

(2022.06.03.)

무능한 변명

너무 하얘서 도리어 어둑한 안개
멈출 듯 며칠 째 계속 되는 장맛비
날씨보다 엉클어지고 어지러운 마음
실마리를 찾으려 팔을 저을수록
막연한 안개처럼 보일 듯 말 듯
까무룩 정신 줄을 놓게 되는 날

만남도 헤어짐도 사랑도 이별도
어쩌면 전화위복이거나 운명이라
변명하며 회피하려 애써보지만
평안과 위로는커녕 격화소양처럼
속은 더욱 곪아터질 뿐

세상만사 팔자 밖의 일은 없으며
세월이 약이고 새옹지마라 위로해도
끝을 보기엔 너무 짧고 적게 남은 세월
안타까워 붙잡으려 애를 쓸수록
수렁은 깊어져서 가슴만 답답할 뿐

(2022.06.29.)

부모와 자식

늙은 부모
젊은 자식의 불효를 원망 마라
어려서부터 보고 배운 결과이니
그것도 인과응보일 뿐

젊은 자식
늙은 부모에게 섭섭하다 원망 마라
멀지 않아 곧 늙은 부모 될 것이니
뿌린 대로 거두게 될 뿐

늙은 부모 젊은 자식
서로 기대도 원망도 마라
기대는 실망과 원망을 낳을 뿐
원망은 관계와 미래만 해친다

모든 것은 네 탓도 내 탓도 아니고
타고난 운명이고 인과응보일 뿐
차라리 기대를 접고 원망을 줄여야
더 나은 관계와 미래를 열 수도 있다

(2022.06.25.)

불운의 날

하늘이 무너져도 솟아날 구멍이 있고
쥐구멍에도 볕들 날 있다지만
뒤로 넘어져도 코가 깨지기도 하고
노처녀 시집가는 날 등창이 나듯
삶은 좋다고 다 좋거나
나쁘다고 다 나쁜 것도 아니며
좋고 나쁨은 항상 번복되고 반복되는 것이라서
한 번 좋고 나쁨에 일희일비할 필요는 없다

인생은 어차피 타고난 복분대로 새옹지마하고
나쁜 결과는 반드시 일어나야 할 것이
자신의 기대와는 다르게 나타난 것일 뿐
결과가 좋다면 다시 나빠질 것에
대비해야 할 뿐 자만할 필요도 없고
나쁘다면 더 나쁜 상황이 되지 않은 것에
감사하고 더 나빠지지 않도록 경계하며
주어진 현실에 최선을 다하면 그뿐 아닐까

(2022.06.23.)

울음

운다 운다
오늘도 울음 운다

원인도 이유도 없이
세상의 돌에 맞아
억울해서도 울고

최선을 다했지만 결과와
기대의 배신으로
분해서도 울고

무능하고 데데한
자신의 삶에 대한 실망으로
부끄러워서도 울고

세월이 약이라지만
약발이 듣지 않는 세월에
안타까워서도 운다

운다 운다
오늘도 마냥 운다

(2022.06.29.)

자연의 섭리攝理

부민산 산행길에 마주친 산수국 꽃밭
봄철 온갖 꽃들이 꽃 잔치를 벌려도
지난해의 마른 꽃대만 흔들 뿐이라서
올해는 꽃 보기 어렵겠다 실망했는데
엇그제부터 꽃을 피워 산비탈 전체가
산수국의 신세계를 만들었다

다른 쪽 비탈 오솔길의 감나무도
작년과 달리 꽃조차 피지 않아 볼 때마다
실망했는데 오늘 우연히 지나치다 바라보니
이파리 사이사이에 여러 개의 감들이
소담스럽게 달려 있다

내가 알지 못해도 착각을 해도 때가 되면
자연은 저절로 꽃도 피고 열매도 맺고
해마다 어김없이 오갈뿐 나의 생각이나
느낌과는 어떤 관계도 없다는 깨달음은
내 존재의 미미함보다 오히려 자연의
위대한 섭리에 오금저린 경외심을 느낄 뿐

(2022.06.19.)

장마 대응

물과 햇볕은 생명의 근원이지만
지나치면 오히려 생명을 잃게 되는
과유불급의 존재

아무리 가뭄에 목말라 해도
장마가 며칠만 계속되면
금방 싫증을 느끼고 원망하지만

계절마다의 가뭄과 장마는
자연의 섭리일 뿐이고
어쩔 수 없는 자연현상이라면

과민반응하면서
비옷을 입거나 양산을 쓰려고
애쓰고 안달하기보다

차라리 젖지도 마르지도 않는
느긋한 마음으로 뽀송뽀송하게
맞고 보내는 것이
현명한 대응 아닐까

(2022.06.25.)

조화造花

뒷골목 담벼락 밑에 내어놓은 화분들 속에
제철이 지났으나 여전히 화려하고 선명한
색깔과 아름다움을 지닌 꽃들을 보고
사랑해서 다가갔다가 조화임을 눈치 채면
금방 실망해서 뒤돌아서고 말 듯

아무리 아름다운 풍경을 담아
멋지게 보이는 사진도 작가의 의식이
들어있지 않으면 그냥 사진일 뿐
예술 작품이 아니라고 평가한다

문학작품도 독특한 감흥과 느낌을
담지 못하고 자연이나 사물의 겉모습만
그림 그리듯 그냥 묘사하거나
미사여구만 나열하거나 늘어놓으면
겉모습만 화려하고 멋진 조화나 사진 같아서
그만의 생명력과 향기는 상실되는 것 아닐까

(2022.06.19.)

슬픔

지기 위해 피는 꽃도
흘러가기 위해 오는 비도
죽기 위해 태어나는 삶도 없지만

한번 오거나 피거나 태어난 것은
반드시 가고 지고 죽기 마련이라서
열매를 맺든
바다에 이르든
윤회를 거듭하든 말든

처마 끝에 떨어지는 낙숫물처럼
가을바람에 흩날리는 낙엽처럼
밤새워 우는 소쩍새 울음처럼

지고
죽고
가는 것은

이유와 결과가 무엇이고 어떠하든
그냥 슬프고 안타까운 것은
나이 탓 만일까

(2022.06.16.)

행운의 날

인간 만사
흥진비래 고진감래하고
새옹지마라 하지만

과일도 한 쟁반에
너무 많이 쌓으면 무너지듯
복은 쌍으로 오는 법이 없고
화는 홀로 오는 법이 없어
인생은 불행하게도
언제나 복보다 화가 더 많다고
느껴지는 현실

모든 날을 전화위복으로 만들려면
로또 복권이 당첨되어도 배고팠던
날을 잊지 않고 자만을 경계해야 하고

물이 이미 쏟아졌다면 독마저 깨지지
않았음에 감사하고 반면교사로 삼아야
화와 복이 균형을 이루어서
언제나 행운의 날이 되는 것 아닐까

(2022.06.24.)

발문跋文

대단하지도 않은 시집을 해마다 한두 권씩 낸다는 것이 오히려 부끄럽다는 생각이 든다.

그러나 남보다 너무 늦은 나이에 등단했다는 생각에 남보다 잘 하지는 못하지만 남만큼이라도 시를 쓰려면 부지런히 해야 되겠다는 생각과 또 며칠이라도 시를 쓰지 못하고 건너뛰게 되면 영영 시를 쓰지 못하게 될까봐 끊임없이 시를 쓰려고 노력하다보니 6개월마다 한권씩 시집을 출판해야 할 만큼 많은 시를 쓰게 되었다.

물론 많이 쓰더라도 질이 떨어진 작품은 걸러내고 작품다운 작품만 출판해야 되지 않느냐 하는 사람도 있겠지만 시를 쓸 때의 마음을 생각해보면 손가락이 여러 개고 길이도 서로 다르지만 버릴 수 있는 손가락이 없듯, 자식이 아무리 많아도 버려도 좋은 자식이 없듯, 시도 막상 써 놓고 보면 차마 버리기에는 아깝게 생각되는 작품이 너무 많아서 거르고 걸러도 다 버릴 수 없어 어쩔 수 없이 남들에게 흉을 잡힐 만큼 자주 시집을 내게 되었다.

뿐만 아니라 지금의 나이로 볼 때 앞으로 시를 쓸 수 있는 남은 세월도 그렇게 많지는 않겠다고 자각하는 입장에서 필자가 처음 계획한 목표를 달성하기 위해서는 남의 입방아에 휘둘리지 않고 앞만 보고 더욱 열심히 시를 쓰고 시집을 내어야 되겠다고 다짐해 보기도 한다.

시집 제목 '혹시나'는 요행을 바라는 인간 심리의 표현이지만 요행이 없이는 척박한 현실에서 항상 지기만 하고 하층민으로 살 수밖에 없는 사람들에게는 이보다 더 큰 희망이나 자극을 줄 수 있는 말이 없다는 생각에 천박하지만 고통 받는 삶에서는 반드시 필요한 말이자 있어야 할 말이라 생각되어 제목으로 삼았다.

혹시나 이 시집도 독자들에게 분에 넘치는 사랑을 받게 될지 어찌 알리요?

독자 제현의 많은 사랑과 관심을 기대한다.

혹시나

초판1쇄 발행 2023년 4월 15일

지 은 이 김수봉
펴 낸 이 이길안
펴 낸 곳 세종출판사

주소 부산광역시 중구 흑교로 71번길 12 (보수동2가)
전화 051－463－5898, 253－2213~5
팩스 051－248－4880
전자우편 sjpl5898@daum.net
출판등록 제02-01-96

ISBN 979-11-5979-579-4 03810

정가 12,000원